Conception et textes :
Émilie Beaumont

Images :
Marie-Christine Lemayeur
Bernard Alunni
Sandra Smith - Sophie Surber
MIA : Cinzia Antinori
et Lucia Brunelli

ÉDITIONS FLEURUS, 15-27, rue Moussorgski, 75018 PARIS

SOMMAIRE

LES ANIMAUX QUI VIVENT DANS L'EAU 7

LES MAMMIFÈRES 41

LES REPTILES ET LES GRENOUILLES 75

LES INSECTES ET LES ARACHNIDÉS 85

LES OISEAUX 105

LES ANIMAUX QUI VIVENT DANS L'EAU

DES NIDS ÉTONNANTS

Les poissons pondent des œufs et les abandonnent souvent au gré des courants. Mais certains poissons fabriquent des nids.

Dans la famille des épinoches, les papas construisent les nids et poussent les femelles à pondre dedans.

Le mâle épinoche à 15 épines est très exigeant. Si la femelle ne va pas vite dans le nid, il lui mord la queue.

Le poisson appelé « combattant » fait un nid avec des bulles d'air qu'il rejette de sa bouche. La lotte ne construit pas de nid mais dépose ses œufs à l'abri dans des objets trouvés au fond de la mer.

LES POISSONS QUI PONDENT LE PLUS D'ŒUFS

Les poissons pondent des milliers, voire des millions d'œufs à chaque ponte. Heureusement, car peu d'entre eux donneront des petits.

Le record est détenu par l'étrange poisson-lune : 300 millions.

9 millions pour un turbot pesant environ 8 kg.

28 millions pour une lingue de 24 kg mesurant 1,50 m.

5 millions pour l'esturgeon. Ses œufs forment le caviar.

UN SUPER-PAPA

Chez les hippocampes, c'est le papa qui porte les bébés dans son ventre... Il peut donner naissance de 300 à 500 petits.

Ce drôle de poisson a une tête qui ressemble à celle d'un cheval.

La maman dépose ses œufs dans le ventre du papa.

La naissance des petits est proche. Accroché à une algue, Papa se tortille et secoue sa poche. Les bébés sortent en 1 ou 2 jours.

LA MAMAN LA PLUS ATTENTIVE

La pieuvre a tellement peur de voir ses œufs mangés par d'autres animaux qu'elle ne les quitte pas une seconde jusqu'à leur éclosion.

 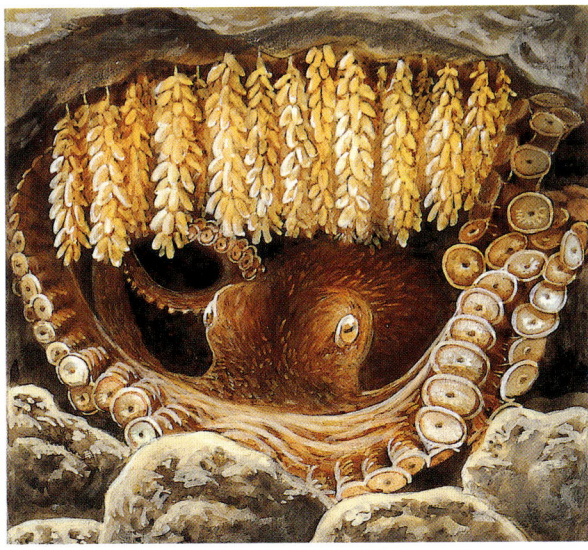

Elle suspend ses œufs au plafond de sa grotte.
Elle les protège avec ses tentacules contre les poissons qui rôdent tout autour, les nettoie et les arrose d'eau régulièrement.

Quand les bébés naissent, la pieuvre est épuisée.
Elle a perdu la moitié de son poids. Elle reste dans sa grotte et meurt peu de temps après. Cette maman courageuse ne voit pas grandir ses petits.

UNE BOUCHE EN GUISE DE NID

Chez les cichlidés, les œufs se développent dans la bouche d'un des parents. Ainsi, ils sont à l'abri de tous les dangers.

Les œufs sont d'abord déposés dans un nid, puis repris dans la bouche d'un des parents.

Le poisson ne se nourrit plus, il ne bouge plus ses mâchoires... La bouche est une couveuse.

Une fois nés, les petits vont apprendre à se débrouiller seuls, mais ils ne s'éloignent jamais trop. Dès qu'un danger se présente, ils se réfugient dans la bouche protectrice.

DES DÉPLACEMENTS SPECTACULAIRES

Difficile d'expliquer pourquoi des animaux se déplacent parfois sur des milliers de kilomètres pour se nourrir ou se reproduire.

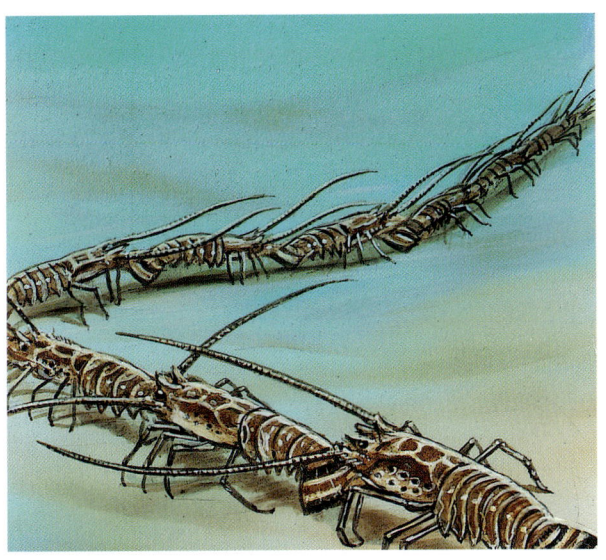 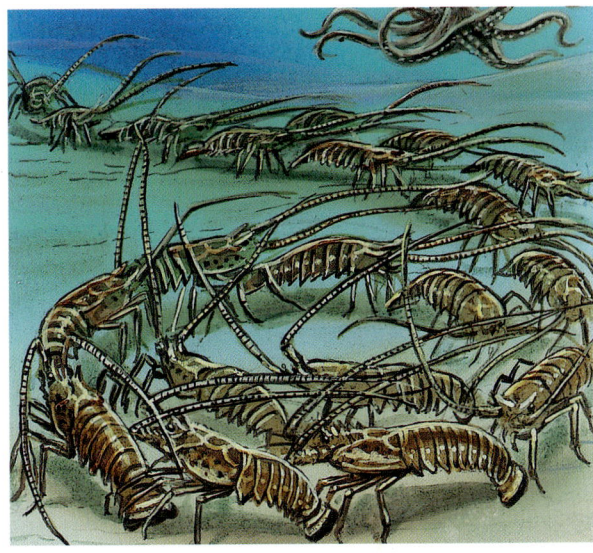

Souvent, après de grosses tempêtes, les langoustes se rassemblent en colonne et se mettent à marcher jour et nuit à la recherche de nourriture, sur des centaines de kilomètres ! Devant un ennemi, elles forment un cercle pour y échapper.

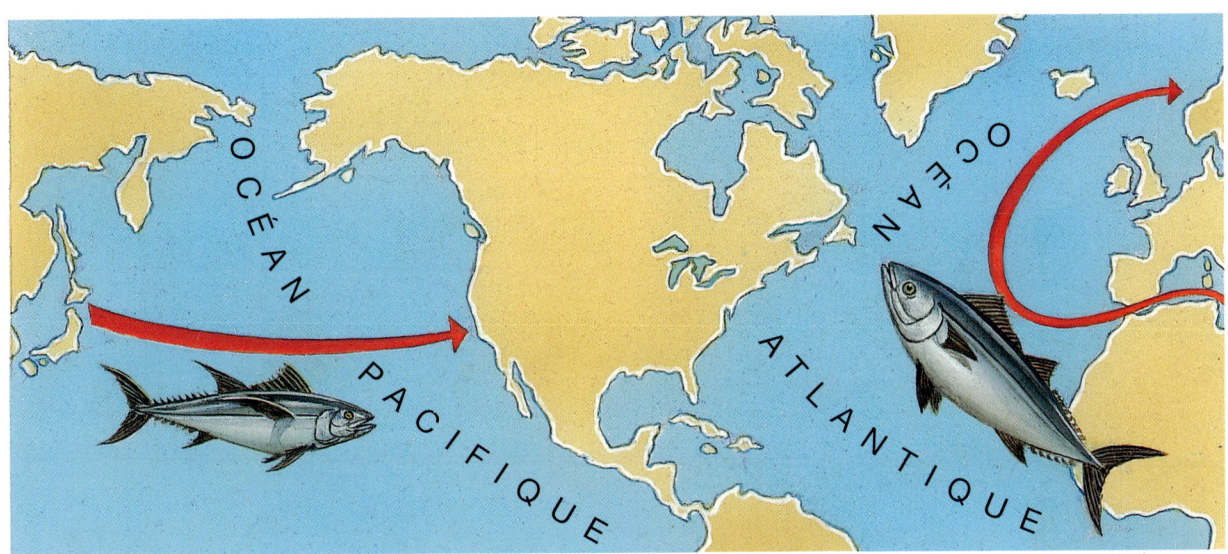

Les thons sont de grands voyageurs : certains traversent le Pacifique des côtes du Japon jusqu'à la Californie, soit 9 000 km. D'autres naissent en Méditerranée et vont se nourrir jusqu'au large de la Norvège, soit 5 000 km !

DES KILOMÈTRES AVANT DE PONDRE

La tortue va pondre sur la plage où elle est née.
Pour y parvenir, elle peut parcourir jusqu'à plus de 2 000 km.

Après ce long voyage, la tortue sort de l'eau à la tombée de la nuit.
Elle creuse un trou profond dans le sable, assez loin du rivage,
et y dépose une centaine d'œufs environ.

Après avoir recouvert les œufs de sable, la tortue retourne à la mer.
Les petites tortues vont naître environ 70 jours après. Elles attendront encore
5 jours avant de sortir du trou et d'essayer de rejoindre la mer.

UN LONG VOYAGE À TRAVERS L'ATLANTIQUE

Quand elles ont entre 5 et 8 ans, les anguilles quittent leur rivière et rejoignent la mer des Sargasses pour y pondre.

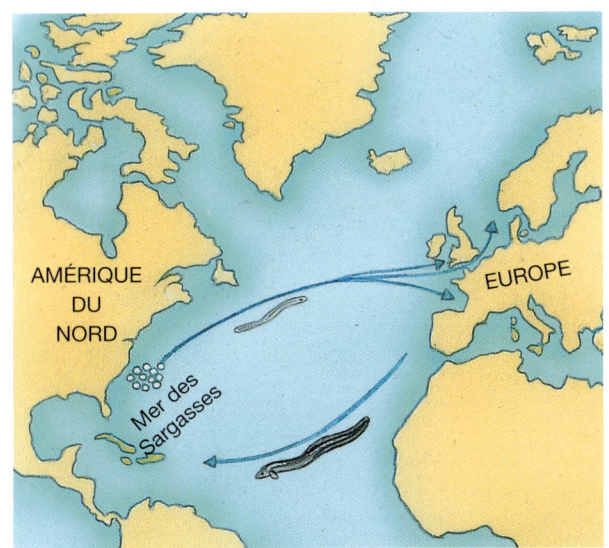

L'anguille ne se nourrit pas pendant cette longue traversée. Elle pond à environ 400 m de profondeur et meurt épuisée. Des larves sortent des œufs. Emportées par les courants, elles font le voyage en sens inverse.

Arrivées près des rivières, les larves deviennent des civelles, qui vont grossir pour devenir des anguilles. Une anguille peut ramper sur la terre ferme si un obstacle la gêne dans la rivière, et rejoindre le cours d'eau plus loin.

DE L'EAU SALÉE À L'EAU DOUCE

Arrivés à l'âge de se reproduire, les saumons quittent la mer et remontent la rivière où ils sont nés. Extraordinaire pèlerinage !

Rien ne les arrête : ils remontent les cascades, nageant à contre-courant. Au terme du voyage, très épuisés, les saumons s'accouplent. La femelle creuse alors un nid avec sa queue et pond ses œufs. Ils survivent rarement à la reproduction.

Quand ils naissent, les petits se nourrissent de la membrane de leur œuf. Ils vont rester environ 2 ans dans la rivière avant de rejoindre la mer où ils deviendront adultes et qu'ils quitteront à leur tour pour se reproduire.

DES POISSONS HORS DE L'EAU

Incroyable ! Certains poissons, grâce à un système respiratoire adapté, sortent de l'eau plus ou moins longtemps.

Le poisson promeneur est capable de vivre 2 jours hors de l'eau à la recherche d'insectes !

Profitant de grandes marées, le grunion s'échoue sur la plage pour pondre ses œufs.

Certains poissons-chats, à gauche, traversent un champ ou une route pour rejoindre le fleuve qu'ils avaient quitté lors d'inondations. À droite, la perche grimpeuse se déplace sur la terre ferme et escalade même les rochers !

LES POISSONS QUI VOLENT

Certains poissons font de si grands bonds
hors de l'eau qu'ils donnent l'impression de voler.

Ce voilier bondit hors
de l'eau à plus de 100 km/h.

Les sauts hors de l'eau de la raie
manta peuvent atteindre 2 m.

Face à un ennemi, ces poissons volants, à gauche, se mettent à nager de plus en plus vite à la surface et décollent sur plusieurs mètres. Pour les mêmes raisons, ces poissons-hachettes, à droite, volent aussi au-dessus de la surface de l'eau.

LES MOYENS DE DÉFENSE

Ils sont souvent petits, mais ils possèdent des moyens de défense extraordinaires pour éviter de se faire prendre par leurs ennemis.

Ce poisson, quand il n'est pas en danger, a le corps allongé et les piquants rabattus. Mais dès qu'un ennemi est en vue, il se met à gonfler et ses piquants se dressent comme autant d'aiguilles redoutables.

La crevette-pistolet émet un claquement sec comme un coup de feu pour éloigner les indésirables. Tandis que le concombre de mer rejette par son anus des fils collants dans lesquels son assaillant va se retrouver prisonnier.

LES COULEURS DE TOUS LES DANGERS

Les couleurs vives et éclatantes de certains animaux marins préviennent qu'ils appartiennent aux proies dangereuses. Pas touche !

Les belles couleurs de cette limace de mer font reculer ses ennemis.

Le rouge éclatant de cette baudroie signifie qu'elle est dangereuse.

Ces animaux au corps mou et sans coquille peuvent se promener sans crainte : la beauté de leur robe les classe dans les proies mortelles.

LES CHAMPIONS DU CAMOUFLAGE

Pour échapper au danger, de nombreux animaux changent de couleur, de forme et se regroupent pour passer inaperçus.

Face à un danger, la seiche peut changer de couleur en quelques secondes.

De loin, les zébrures de ces poissons brouillent la vue de leurs ennemis.

Ce poisson-pierre et ce dragon des mers ne risquent rien : impossible de soupçonner leur présence, ils se confondent parfaitement avec l'environnement.

Ce poisson-crocodile est invisible quand il se pose sur le sable.

Où est l'œil de cette comète ? À droite, au milieu des points blancs !

LE SABLE COMME CACHETTE

Certains ont la capacité de s'enfoncer très rapidement
dans le sable pour se dissimuler aux yeux de leurs ennemis.

Pour se mettre à l'abri,
la plupart des poissons plats, comme
la sole, s'enfouissent dans le sable.

Cet ange de mer remue
le sable avec ses nageoires pour
le faire tomber sur son dos.

En un rien de temps, ce crabe
creuse un trou dans lequel il se cache.
On ne voit plus que ses yeux.

À la moindre alerte,
les anguilles jardinières entrent
dans leur trou creusé dans le sable.

LA PIEUVRE, TIMIDE MAIS RUSÉE

La pieuvre, qui est timide et craintive, sait bien se défendre quand il s'agit d'échapper à ses ennemis.

Devant cette murène aux dents pointues qui surgit du rocher, la pieuvre lâche un jet d'encre qui devient en quelques secondes un véritable écran derrière lequel elle peut s'enfuir sans risquer d'être rattrapée.

La pieuvre est aussi très rusée. Pour ne pas se faire remarquer par le requin, elle s'immobilise sur le fond et prend la couleur de ce qui l'entoure. Ainsi, elle passe inaperçue.

S'AMPUTER POUR SURVIVRE

Pour survivre, certains animaux ont la capacité de s'amputer d'un de leurs membres qui, en général, se reconstitue.

À gauche, une étoile de mer « normale ». À droite, deux étoiles de mer ayant perdu un de leurs bras, qui a repoussé mais pas tout à fait comme les autres.

Ce crabe a une pince coincée dans un rocher. Pour se libérer, il n'hésite pas à s'en défaire. Elle repoussera. Les langoustes et les homards peuvent aussi se séparer d'une de leurs pinces en cas de nécessité.

DES POISSONS ÉLECTRIQUES ET LUMINEUX

Des poissons produisent de l'électricité, tandis que d'autres, vivant dans le noir des profondeurs, sont des «lampes vivantes».

Le gymnote émet des décharges électriques capables d'assommer un homme.

Le poisson-vipère possède des centaines de petites lumières sur le corps et les mâchoires.

La raie-torpille se nourrit de poissons qu'elle immobilise d'une décharge électrique.

Le calmar des abysses émet un jet d'encre blanche fluorescente à la place de l'encre noire.

Ce poisson vit dans des eaux boueuses. Il crée autour de lui un champ électrique qui le renseigne sur son environnement.

Le plus brillant est le poisson-torche : sa lumière se voit à 30 m.

LES PLUS FÉROCES

Pour se nourrir ou parce qu'ils se sentent menacés, certains animaux ont des attitudes très violentes.

L'orque n'hésite pas à sortir de l'eau pour attaquer un phoque qui se trouve sur une plage ou sur la banquise.

Le barracuda, énorme poisson de 2 à 5 m, fonce sur tout ce qui bouge et déchiquette ses proies.

Le redoutable requin blanc de 6 m de long et le piranha de 50 cm, qui vit dans les fleuves d'Amérique du Sud, ont en commun de devenir fous à l'odeur du sang. Que ce soit un animal ou un être humain, ils attaquent !

DE REDOUTABLES CHASSEURS

Certains poissons sont très bien équipés pour capturer leurs proies sans leur laisser la moindre chance.

Le museau en forme de scie de ce poisson-scie est une arme redoutable pour fouiller le sable.

Grâce à ses bras munis de ventouses, l'étoile de mer arrive à ouvrir les coquillages.

Ce poisson-pêcheur a, sur la tête, une « canne à pêche » pour attraper ses proies.

Ce poisson-lion paralyse ses proies avec ses épines venimeuses puis les avale.

UNE BONNE VUE POUR CHASSER

Quelques poissons d'eau douce se servent de leur vue pour mieux chasser ou se défendre.

Sous l'eau, ce poisson-archer évalue la distance qui le sépare de l'insecte et lui envoie une goutte d'eau. Le pauvre insecte, déséquilibré, tombe dans l'eau et est aussitôt avalé par le poisson.

Cet étrange poisson, appelé « quatre-z-yeux », a des yeux extraordinaires qui lui permettent, quand il est à la surface, de voir en même temps au-dessus et au-dessous de l'eau. Pratique pour chasser et voir ses ennemis !

DES POISSONS NETTOYEURS

Ils enlèvent les petits crustacés qui s'accrochent sur la peau de certains poissons. Ils font une bonne action tout en se nourrissant.

Les poissons qui ont besoin des services des nettoyeurs connaissent bien le lieu où ils exercent leur fonction, une véritable station de nettoyage. Ils attendent gentiment leur tour les uns derrière les autres.

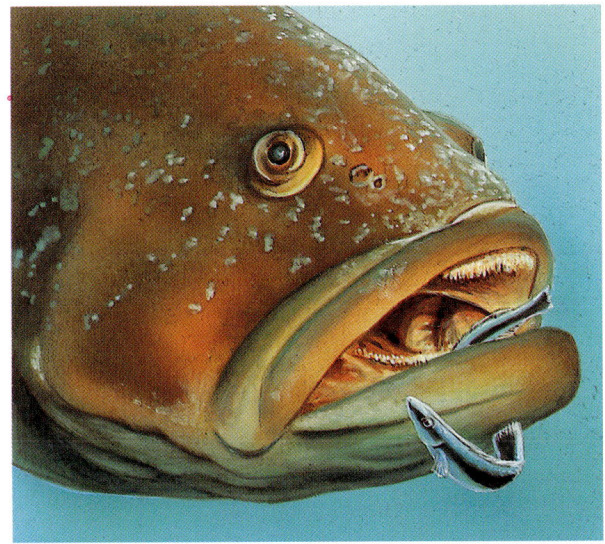

Le nettoyeur nettoie même l'intérieur de la bouche et les dents de son « patient ».

Il existe de faux nettoyeurs ressemblant aux vrais mais qui s'attaquent aux « patients ».

L'ORNITHORYNQUE, UN DRÔLE D'ANIMAL

Étonnant avec son bec de canard, sa queue de castor et ses pieds palmés, cet étrange animal est un mammifère qui pond des œufs.

C'est un animal solitaire qui vit surtout dans l'eau. Excellent nageur, il est capable de rester 5 minutes dans l'eau sans respirer.

La femelle pond ses œufs dans un terrier. Les petits naissent sans poils et aveugles. Ils tètent le lait qui suinte de son pelage.

LES MÉDUSES

Il ne faut pas toucher ces belles créatures tout en transparence : leurs tentacules provoquent des piqûres et de graves brûlures !

Cette magnifique méduse a les plus longs tentacules. On en a mesuré une qui faisait 75 m, corps compris. Record non égalé dans le monde animal ! Pour se déplacer, la méduse contracte et relâche son corps ou se laisse dériver tranquillement dans les courants.

Il existe plusieurs sortes de méduses plus étonnantes les unes que les autres. Leur corps, en forme de soucoupe volante, est gélatineux et renferme jusqu'à 95 % d'eau.

LES BALEINES, REINES DES OCÉANS

Les baleines sont des géants des mers et les plus gros animaux de la Terre. Elles doivent remonter à la surface de l'eau pour respirer.

La plus grosse de toutes est la magnifique baleine bleue, appelée aussi rorqual. Elle pèse jusqu'à 190 t et mesure entre 20 et 30 m. Elle ne mange que de petits crustacés : 4 t par jour. Quel appétit !

La baleine à bosse émet des sons qui peuvent être entendus à plus de 30 km. Son langage est très élaboré.

Le cachalot détient le record de la plongée la plus profonde : − 2 500 m. Il peut rester une heure sans respirer.

L'INTELLIGENCE DE LA PIEUVRE

L'intelligence n'est pas le propre de l'homme. Certains animaux surdoués ont des réactions étonnantes, comme cette pieuvre.

Enfermée dans un aquarium sous la mer, cette pieuvre de 2,50 m d'envergure va tenter de s'échapper par un trou de 8 cm de diamètre. On peut penser que c'est impossible !

Mais la pieuvre va déformer son corps et, en un peu plus de 10 minutes, réussir à s'échapper de sa prison. Plus étonnant : replacée dans les mêmes conditions, elle va mettre une minute et demie pour s'en évader !

LES DAUPHINS, ROIS DE L'ORIENTATION

Ils appartiennent à la famille des baleines. Adultes, ils peuvent mesurer plus de 2 m. Ils nagent vite, jusqu'à atteindre 40 km/h.

En pleine mer, les dauphins se déplacent toujours en groupe.

En « surfant » sur les vagues, ils nagent jusqu'à 60 km/h.

Ils peuvent tenir debout grâce à leur queue très musclée.

Ils font des sauts impressionnants. Le record : 7 m de haut.

Les dauphins se dressent facilement en captivité, mais ils n'aiment pas être punis ou grondés. Ils semblent prendre du plaisir à jouer avec leurs dresseurs. Ils apprécient beaucoup les caresses.

Le dauphin respire par une sorte de narine, appelée « évent », située au-dessus de sa tête.

Si un dauphin est blessé, il est maintenu à la surface par deux autres membres du groupe.

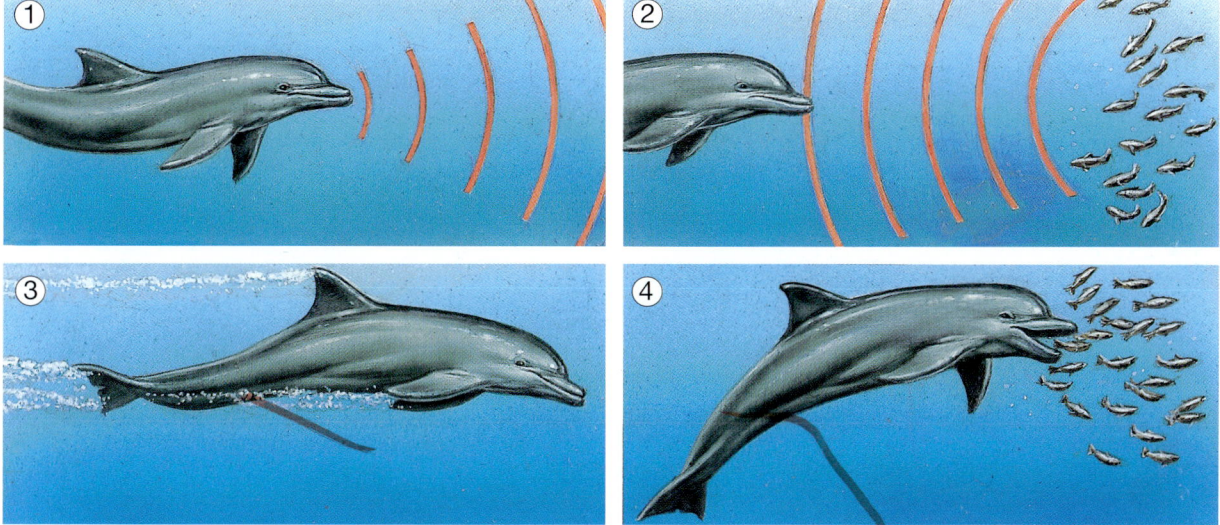

① Pour chasser, il émet des sons que l'homme n'entend pas. ② Quand ces sons rencontrent des poissons, ils rebondissent vers le dauphin, qui se dirige alors vers eux ③ en continuant d'émettre des sons. ④ Puis il avale ses proies sans les mâcher.

LES POISSONS LES PLUS GRANDS

Les poissons vivent dans les mers, les rivières, les lacs et les étangs. Ils n'ont pas tous la même forme ni la même longueur.

Le plus grand requin est le requin-baleine. Ce géant peut mesurer jusqu'à 15 m de long et peser plus de 15 t. C'est le plus gentil des requins, il ne mange que des proies minuscules.

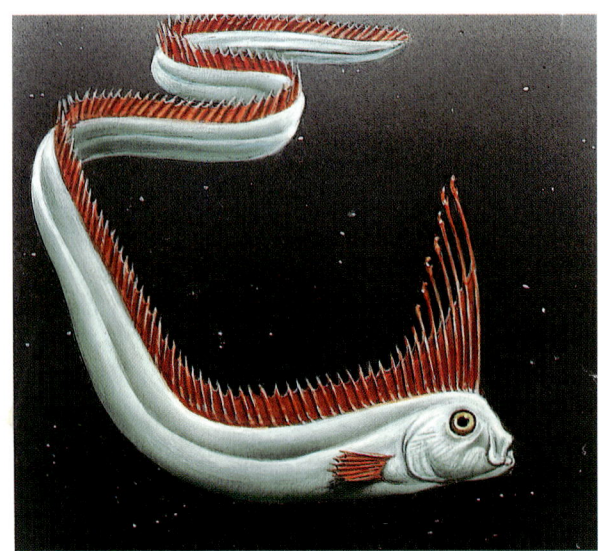

Le régalec est un poisson rare. Il ressemble à un serpent. Il peut mesurer plus de 7 m de long.

L'arapaïma est un poisson qui vit dans le fleuve Amazone. Il peut dépasser 4 m de long.

LES ANIMAUX QUI VIVENT LE PLUS LONGTEMPS

De nombreux animaux marins ont une durée de vie exceptionnelle, comparable à celle de l'homme.

L'esturgeon, poisson d'eau douce : 100 ans et plus.

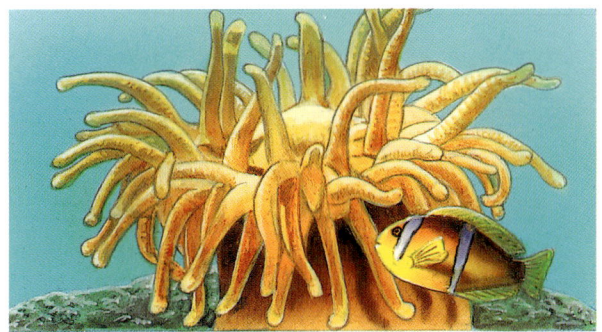

L'anémone de mer, cette belle fleur : 90 ans et plus.

L'anguille, poisson d'eau douce : 90 ans et plus.

La carpe, poisson d'eau douce : 50 ans, certaines plus de 100 ans.

Le rorqual ou baleine bleue : 50 ans et plus.

Le homard est le crustacé qui vit le plus longtemps : 50 ans.

LES PLUS LONGUES DÉFENSES

Si les plus longues défenses appartiennent à l'éléphant d'Afrique, avec plus de 3 m, celles de certains animaux marins sont impressionnantes.

Le narval, qui appartient à la famille des baleines, possède une seule défense, torsadée, qui atteint souvent 2,50 m, voire plus. C'est en fait une dent qui pousse en avant. On ne sait pas vraiment à quoi elle sert et seul le mâle en possède une.

Le morse aussi a de belles défenses. Il pèse entre 1 et 2 t et vit dans les mers glacées. Ses défenses, de 60 à 100 cm, sont de longues dents qui l'aident à se hisser sur la glace ou à se battre avec d'autres morses.

LES PLUS GROS ET LES PLUS BEAUX COQUILLAGES

Les coquillages sont constitués d'un corps mou, le plus souvent protégé par une coquille dont la forme peut être très étonnante.

Le plus gros est le bénitier. C'est un géant de plus de 1 m qui peut peser plus de 250 kg. Il se nourrit d'animaux microscopiques qu'il avale en ouvrant ses deux valves. Ses belles couleurs sont dues aux algues qui s'installent à l'intérieur, car le bénitier garde sa coquille le plus souvent entrouverte.

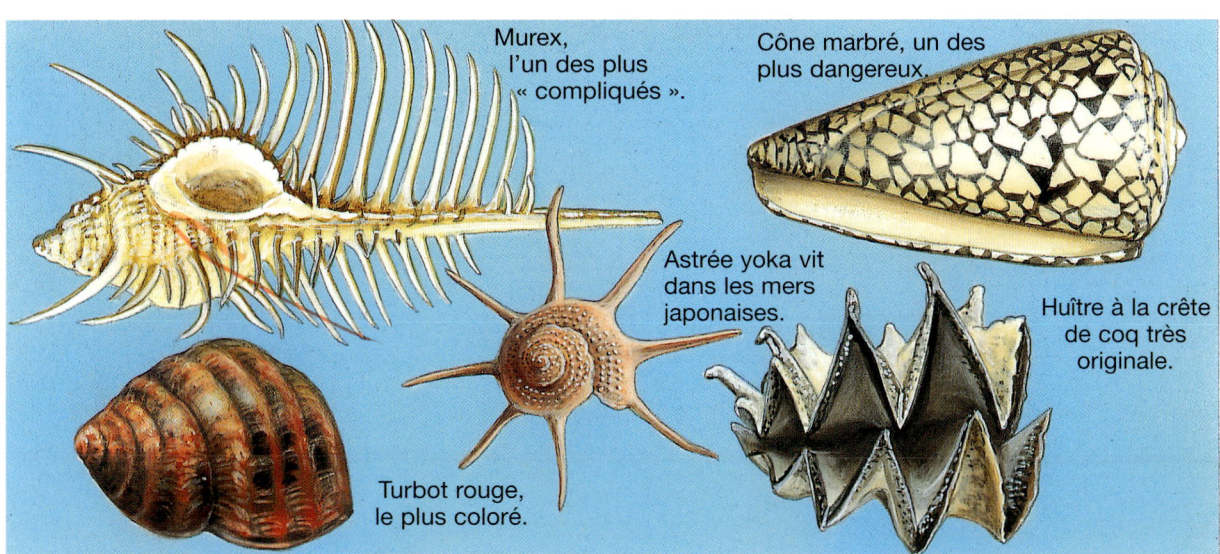

Murex, l'un des plus « compliqués ».

Cône marbré, un des plus dangereux.

Astrée yoka vit dans les mers japonaises.

Huître à la crête de coq très originale.

Turbot rouge, le plus coloré.

Comment la nature arrive-t-elle à faire de si beaux coquillages, avec des formes si extraordinaires ? C'est bien sûr une histoire de gènes propres à chaque coquillage, mais le résultat est incroyable.

UN ANIMAL ÉTONNANT, LE CORAIL

Le corail est constitué d'un animal au corps tout mou, appelé «polype» entouré de son enveloppe calcaire.

Il existe plusieurs espèces de coraux qui s'unissent en colonies pour former des édifices en éventail, en boule, ou en colonne. Leurs formes sont très variées et leurs couleurs extraordinaires. Parmi ces récifs vivent de très beaux poissons aux couleurs magnifiques. Les récifs les plus connus constituent la barrière de corail au large de l'Australie, qui est classée patrimoine de l'humanité.

LES MAMMIFÈRES

LE PLUS PETIT DES MAMMIFÈRES

De tous les animaux dont les femelles allaitent leurs petits grâce à leurs mamelles, le plus petit est une musaraigne.

Cette minuscule musaraigne mesure entre 3,5 cm et 5 cm sans la queue et pèse entre 1,5 et 2 g.

Les musaraignes sont très voraces. Certaines avalent jusqu'à 2 fois leur poids par jour.

Quand elle se promène, Maman musaraigne ne risque pas de perdre ses petits. Ils sont tous solidement agrippés les uns aux autres derrière elle. Même si on soulève la maman, tous les petits restent accrochés.

LE PLUS GROS VIVANT SUR LA TERRE FERME

C'est l'éléphant, il mesure entre 3,5 et 4,5 m de haut pour 5 à 7 t. Il a besoin d'au moins 140 kg de végétaux par jour.

Les défenses pèsent en moyenne 25 kg chez un mâle adulte. Mais les plus lourdes font 3,5 m pour 140 kg !

La trompe, qui est à la fois une main, un tuyau d'arrosage et un aspirateur, serait composée de 100 000 muscles !

Les éléphants se déplacent en troupeaux dirigés par de vieilles femelles très expérimentées, dotées d'une « mémoire d'éléphant ». Durant la saison sèche, elles se souviennent des points d'eau situés à des dizaines de kilomètres.

LES PLUS GROS CARNIVORES

Ce sont les ours, qui ne craignent aucun animal. Face à un ennemi, ils se dressent sur leurs pattes arrière en montrant leurs griffes et en grognant.

Le plus gros de tous est l'ours brun d'Alaska. Il peut peser jusqu'à 700 kg pour une hauteur de 4 m. C'est un excellent pêcheur qui adore attraper les saumons qu'il saisit avec ses dents et ses griffes.

Cette maman ourse passe l'hiver bien au chaud avec ses petits dans sa tanière tapissée d'herbe tendre. Elle reste ainsi, sans manger ni faire pipi ou caca. Ses petits se nourrissent de son lait, très riche.

L'OURS POLAIRE

Il vit sur la banquise, dans le Grand Nord. Il résiste à des températures de – 60 °C grâce à son épaisse couche de graisse et à sa fourrure.

Il peut parcourir jusqu'à 70 km par jour sur la banquise à la recherche des phoques, son mets favori. Dès qu'il repère un trou fait par un phoque pour respirer, il s'approche et attend que celui-ci sorte la tête pour l'attraper.

C'est un excellent nageur : il peut parcourir 10 à 35 km en une heure. Parfois, il se hisse sur une plaque de glace détachée de la banquise et se déplace ainsi tranquillement au gré du courant, toujours à la recherche de nourriture.

LE PLUS GROS HERBIVORE DU GRAND NORD

Le bœuf musqué, qui vit dans les régions glacées de l'Arctique, a failli disparaître à cause des chasseurs. Il est maintenant protégé.

Il mesure plus de 2 m de long et pèse entre 250 et 350 kg. Les longs poils du bœuf musqué le protègent des vents froids et violents qui soufflent dans le Grand Nord. En hiver, ils descendent jusqu'à ses sabots.

Pour se défendre contre les loups, les bœufs se mettent en cercle, plaçant leurs petits au centre pour les protéger. Ils utilisent aussi cette technique pour lutter contre le froid pendant les tempêtes. Les vieux mâles ont les plus mauvaises places.

LE PLUS GRAND DES MAMMIFÈRES

La girafe est le plus haut animal de la Terre. Le record est détenu par un mâle : plus de 6 m. La longueur de son cou est impressionnante.

La girafe est un animal plutôt calme. Son nom signifie « gentil » en arabe. Pour boire, elle est obligée d'écarter ses pattes de devant car son cou, très rigide, ne se plie pas facilement à cause de ses vertèbres qui font chacune 25 cm de haut.

Elle attrape les feuilles avec sa langue, qui peut mesurer jusqu'à 55 cm.

Elle reste debout pour mettre bas. Son petit fait une chute de près de 2 m !

LES PLUS RAPIDES

Les champions de la vitesse se rencontrent dans les savanes, où ils atteignent des vitesses exceptionnelles pour attraper leurs proies.

Le guépard détient le record : jusqu'à 110 km/h sur 200 à 300 m.

70 km/h pour une lionne qui veut attraper une gazelle.

La hyène, à gauche, et le chacal, à droite, sont aussi des rapides. Quand ils chassent, ils peuvent faire des pointes à 65 km/h.

LE PLUS LENT DE TOUS

C'est le paresseux. Pas plus gros qu'un chat, cet animal vit dans les arbres des forêts tropicales de l'Amérique du Sud.

Il se déplace lentement d'une branche à l'autre : 5 m à la minute.

Il se nourrit de feuilles et met un mois pour les digérer.

C'est un gros dormeur : au moins 20 heures par jour.

Il enterre ses crottes au pied de l'arbre qu'il habite.

LES KANGOUROUS : CHAMPIONS DE SAUTS

Ils vivent uniquement en Australie. Ce sont des marsupiaux : leurs petits se développent dans une poche située sur le ventre.

Les grands kangourous, quand ils sont coursés par un chien sauvage, sont capables de faire des bonds extraordinaires, de 4 m de haut sur plus de 12 à 14 m de longueur et d'atteindre près de 80 km/h.

Le plus grand des kangourous mesure environ 2 m de long et pèse 85 kg.

Le plus petit marsupial pèse quelques grammes. Il ressemble à une grosse souris.

CEUX QUI ONT LE PLUS DE PETITS

Ce ne sont pas les plus gros qui ont le plus de petits en une seule fois. L'éléphant n'en a qu'un.

Cette sorte de hérisson détient le record : 31 petits. Tous ont survécu, sauf un !

Ce hamster doré, qui se domestique très bien, peut avoir jusqu'à 22 petits.

Entre 10 et 18 pour un opossum de Virginie, ce qui pose problème, car la femelle n'a que 13 tétines !

Jusqu'à 13 pour le lycaon, cette espèce de chien qui vit dans la savane boisée africaine.

LES CORNES LES PLUS IMPRESSIONNANTES

Pour se défendre, certains mammifères se servent de leurs cornes, qui sont plus ou moins développées, comme d'une arme redoutable.

D'un bout d'une corne à l'autre : plus de 4 m pour ce buffle d'Asie.

Les cornes des mouflons peuvent faire jusqu'à 1,90 m.

Les cornes des bouquetins peuvent mesurer plus de 1 m de long.

Les plus belles sont portées par cette antilope indienne.

DES BOIS ÉTONNANTS

Les animaux qui appartiennent à la famille du cerf portent sur leur tête des cornes plus ou moins développées, appelées des bois.

Les bois de l'élan sont les plus lourds : 46 kg.

Les bois d'un renne peuvent atteindre 1,60 m.

1,60 m en moyenne pour les bois du cerf wapiti, à gauche, et du cerf élaphe, à droite. Les bois tombent et repoussent chaque année.

LES GNOUS À QUEUE NOIRE : DE GRANDS MIGRATEURS

Ces espèces d'antilopes à tête de vache ont une drôle d'allure. Ils vivent dans la savane, où ils sont surnommés les « clowns des prairies ».

Ceux qui vivent dans des régions où sévit la sécheresse, migrent régulièrement à la recherche de nourriture. Ils se déplacent sur des centaines de kilomètres. Rien ne les fait reculer, pas même les cours d'eau infestés de crocodiles.

Malheur au jeune gnou ou à celui qui est malade : les lions et les léopards rôdent toujours autour des troupeaux et les hyènes ne sont jamais loin.

LE MYSTÈRE DES LEMMINGS

Ces tout petits rongeurs qui vivent dans les pays nordiques ont une étrange attitude lorsqu'ils sont trop nombreux.

Les lemmings se multiplient très vite et, lorsqu'il n'y a plus assez de nourriture pour tous, ils se mettent soudain en marche par milliers avec une énergie étonnante. Rien ne les arrête !

Ils traversent les lacs, les rivières, escaladent les montagnes, mangeant tout sur leur passage.

Ils arrivent enfin à la mer et s'y noient. Ce suicide collectif est un mystère. Il se produit environ tous les 10 ans.

LES CHAMPIONS DE L'HIBERNATION

De nombreux animaux s'endorment pendant l'hiver et se réveillent au printemps. Ainsi, ils ne souffrent ni du froid ni de la faim.

À l'automne, la marmotte s'enferme dans son terrier, se roule en boule et s'endort jusqu'au printemps. Son cœur bat plus lentement, la température de son corps baisse. Elle se réveillera toutes les 3 à 4 semaines pour uriner.

Ces autres petits rongeurs, le muscardin, à gauche, et le loir, à droite, hibernent aussi. Avant de s'endormir, tous ces animaux mangent beaucoup et augmentent leur poids de 50 %, formant ainsi des réserves de graisse.

DES MOYENS DE DÉFENSE ÉTONNANTS

Face à un danger, de nombreux petits mammifères font preuve de ruse ou utilisent leur corps pour se défendre.

Le tatou, à gauche, se met en boule, mais pas tout à fait. Si son agresseur glisse son museau dans sa carapace, clac ! il la referme complètement en le coinçant. Le pangolin aussi se met en boule. On dirait une pomme de pin.

Les piquants de ce porc-épic, longs de 50 cm, peuvent se détacher et rester plantés dans la chair de l'agresseur.

La moufette relève sa queue et envoie sur son adversaire un jet d'un liquide puant et piquant.

DE TRÈS BONS COMÉDIENS

On peut décerner des médailles à des animaux qui, pour échapper à un ennemi ou attirer une proie, jouent très bien la comédie.

Le premier prix pourrait être attribué à l'opossum de Virginie. Quand il estime qu'il ne peut plus éloigner son adversaire, il fait le mort. Il ne bouge plus, même s'il est poussé, mordu ou piqué.

Le renard aussi joue bien la comédie de la mort, mais c'est une ruse pour attirer les oiseaux qu'il attaque d'un coup de dents lorsqu'ils sont à sa hauteur. Efficace, comme technique, et surtout pas fatigante.

LES ROIS DU CAMOUFLAGE SAISONNIER

En hiver, certains animaux à fourrure perdent leurs poils bruns d'été pour une épaisse fourrure blanche. Ils sont invisibles dans la neige.

Le lièvre polaire, brun-roux en été, devient tout blanc en hiver. Sa fourrure, plus épaisse, lui tient plus chaud.

L'hermine aussi devient toute blanche en hiver, sauf le bout de sa queue, qui reste noir.

Le renard polaire a un pelage blanc bien plus long et plus épais en hiver. Même l'extrémité de ses pattes se couvre de longs poils.

LES MANGEURS LES MOINS DIFFICILES

Ces deux animaux ont en commun de manger toujours la même plante, ce qui peut être dangereux pour leur survie.

Le koala, qui ressemble à un ourson, ne mange que des feuilles d'eucalyptus. Il ne boit jamais, il se désaltère avec le jus contenu dans les feuilles. Ce petit animal ne vit qu'en Australie.

Le panda, lui, ne mange que du bambou, surtout les feuilles et les pousses tendres. Pour être rassasié, il en mange pendant presque 12 heures par jour. Mais le bambou a du mal à se renouveler, ce qui met la vie des pandas en danger.

DES MAMMIFÈRES VOLANTS

Les chauves-souris ne sont pas des oiseaux, et pourtant elles volent grâce à leurs deux longues ailes constituées d'une fine peau.

Les chauves-souris chassent des insectes surtout la nuit.

Quand elles ne volent pas, elles se suspendent la tête en bas.

Elles dorment tout l'hiver serrées les unes contre les autres.

Cet écureuil volant, qui vit en Australie, plane d'un arbre à l'autre.

L'ÉTRANGE FOURMILIER

Cet animal, qui vit en Amérique du Sud, a une drôle d'allure avec son museau très effilé et sa longue queue.

Pour attraper les fourmis et les termites, dont il se régale, il éventre leur habitat, puis il plonge sa langue gluante, qui atteint 60 cm une fois étirée, pour récupérer les insectes. Il peut donner jusqu'à 150 coups de langue à la minute.

Pour dormir, il creuse un trou pas très profond, juste ce qu'il faut pour passer inaperçu une fois recouvert de sa queue, qui lui sert de couverture. Il a le sommeil léger et l'ouïe très fine. Il se méfie du jaguar, son principal ennemi.

L'ÉCHIDNÉ : CHAMPION DU CAMOUFLAGE EXPRESS

Ce petit mammifère, qui ressemble à un hérisson, pond des œufs comme l'ornithorynque. Comme lui, on le trouve surtout en Australie.

Avec son museau allongé comme un bec, il fouille le sol à la recherche de fourmis et de termites, dont il se régale et qu'il attrape avec sa langue gluante capable de s'allonger jusqu'à 18 cm. Son épaisse fourrure enrichie de longues épines est une protection efficace.

Quand il se sent en danger et qu'il se trouve sur un sol mou, il s'enfonce dans la terre en quelques secondes, tel un navire qui coule, ne laissant dépasser que quelques piquants.

LE HÉRISSON : UN GRAND MARCHEUR

Il est insensible au venin, ce qui lui permet de défoncer sans crainte les nids de guêpes ou de s'attaquer aux serpents.

Très vorace, il peut faire 3 km dans une nuit pour trouver de la nourriture. Au matin, il se fait un nid pour s'endormir.

Quand il est en grand danger, pour protéger son ventre, qui n'a pas de piquants, il se met en boule.

Pendant l'été, il se gave de nourriture et emmagasine des couches de graisse, qui lui permettront de tenir pendant l'hiver. Quand le froid arrive, le hérisson se fabrique un petit nid douillet tapissé d'herbe et de feuilles séchées. Puis il s'endort profondément jusqu'au printemps.

LA TAUPE VIT DANS LE NOIR

Elle passe sa vie sous terre, dans des galeries
qu'elle creuse grâce à ses puissantes pattes munies de griffes.

Elle mange des larves et surtout des vers, qu'elle stocke parfois après leur avoir coupé la tête.

La taupe quitte ses galeries pour chercher de l'herbe, dont elle tapisse le nid qui accueillera ses petits.

Dans les champs, on détecte sa présence aux taupinières qu'elle fabrique en rejetant la terre des galeries.

Certaines taupes, qui s'entendent bien, font communiquer leurs galeries et se rendent de petites visites entre voisines.

LE CASTOR : UN GRAND CONSTRUCTEUR

Son outil principal est ses dents, qu'il est obligé d'user en permanence, car elles poussent tout le temps.

Il mange l'écorce des arbres et ronge leur tronc pour les faire tomber puis les découpe en morceaux.

Il dépose les rondins au fond de la rivière pour faire des réserves ou pour construire son barrage.

Sa queue, large et couverte d'écailles, lui est très utile. Sur le sol, il s'en sert d'appui pour se redresser. Dans l'eau, elle devient un gouvernail efficace. Il la frappe sur la surface de l'eau pour prévenir les autres castors d'un danger.

Le castor fabrique un barrage sur la rivière afin de créer un étang suffisamment profond pour que l'eau ne gèle pas complètement pendant l'hiver et qu'il puisse rentrer dans sa hutte sans problème.

Le castor est un travailleur infatigable. Il fait des allers et retours de la berge à son barrage, transportant les morceaux de bois dont il a besoin.

Sur la berge ou sur une petite île de son étang, le castor construit sa hutte avec des branchages entrecroisés et de la boue. Pour lui permettre d'échapper à ses prédateurs qui ne savent pas nager, l'entrée est située sous l'eau.

LES SURICATES NE BOIVENT JAMAIS

Ils vivent dans un désert africain. Dressés sur leurs pattes arrière, leurs pattes avant sur le ventre, on dirait de petits hommes.

Comme ils ne trouvent pas grand-chose à manger, leur territoire de chasse est vaste. De ce fait, ils creusent des terriers un peu partout pour s'y réfugier en cas de danger ou pour se reposer. Comme il n'y a pas d'eau, ils ne boivent pas. Ils avalent le sang contenu dans leurs proies : insectes, araignées, lézards...

Il y en a toujours un qui fait la sentinelle sur un endroit élevé.

Ils vivent en groupe et s'entraident beaucoup.

LE PLUS GRAND ANIMAL DU DÉSERT DU SAHARA

C'est le dromadaire qui est le cousin du chameau, mais qui n'a qu'une bosse. Il ne craint ni la chaleur, ni les tempêtes de sable.

Pour survivre dans le désert, les nomades dépendent du dromadaire qui leur fournit du lait et de la viande. De plus, cet animal robuste est capable de porter de lourdes charges sur de longues distances.

Grâce à la graisse emmagasinée dans la bosse qu'il a sur le dos, le dromadaire peut rester plusieurs jours sans manger ni boire. Quand la bosse est toute molle, le dromadaire doit se nourrir à nouveau. Très assoiffé, il est capable de boire plus de 100 l d'eau en quelques minutes.

LE CHIMPANZÉ : TRÈS PROCHE DE L'HOMME

C'est un singe très intelligent. Son visage sans poils exprime la joie, la tristesse ou la colère. Il ne lui manque que la parole.

Il est intelligent, car il sait se servir d'outils. Par exemple, il enlève les feuilles d'une brindille pour l'introduire dans une termitière afin d'attraper les termites.

Lors d'un déplacement de groupe, si l'un d'entre eux ne va pas bien, il sera soutenu.

Les chimpanzés communiquent entre eux. Celui-là tambourine sur l'arbre pour appeler l'un des siens.

D'AUTRES PRIMATES

Les singes appartiennent à la famille des primates, dont nous faisons partie. Ils ont un cerveau plus développé que les autres animaux.

L'orang-outan est le plus gros mammifère vivant dans les arbres. C'est aussi le plus gros mangeur de fruits.

Le singe hurleur pousse des cris qui peuvent s'entendre à plusieurs kilomètres à la ronde.

Le gorille est le plus grand de tous les singes : il peut mesurer jusqu'à 2 m. Il vit dans la forêt tropicale africaine.

Un chimpanzé ou un gorille est capable de communiquer avec les hommes par des gestes.

LE RATON LAVEUR : UN GRAND VORACE

Pas très grand, de 30 à 40 cm, mais plutôt rondouillard, il a une longue queue rayée blanc et noir. Il n'est présent qu'en Amérique.

L'origine de son nom vient du fait qu'il a l'habitude de laver sa nourriture avant de l'avaler. Il se nourrit de poissons, de grenouilles, parfois de souris, et aussi d'œufs, qu'il n'hésite pas à aller chercher dans les nids, même situés très haut dans les arbres. C'est un excellent grimpeur !

Il mange beaucoup et, pour se nourrir, il s'approche parfois des maisons. Il fouille dans les déchets ménagers et, si une porte est ouverte, il s'introduit dans les maisons pour voler quelques bonbons. Il est même très adroit et est capable de dévisser le couvercle d'un pot de miel pour s'en régaler.

LES PLUS CRUELS

Les attitudes de certains animaux d'une même espèce sont parfois très étonnantes. Ils sont capables de cruauté extrême.

Si la nourriture est rare, la femelle d'un chien de prairie enterre vivante sa sœur enceinte pour limiter les petits.

Après le combat entre deux lions, le vainqueur tue les petits du vaincu et le chasse pour rester le seul maître.

Quand un babouin veut prendre la place d'un chef, il tue ses petits et lui vole ses femelles.

Pour récupérer le territoire d'un autre groupe, les chimpanzés l'attaquent en jetant de grosses pierres.

DES ANIMAUX ALBINOS

Parce qu'ils ne possèdent pas en eux la substance qui colore leur pelage, certains animaux sont tout blancs.

Il ne faut pas confondre les animaux albinos et ceux qui sont blancs naturellement, comme l'ours polaire. Habituellement, ce tigre et cet écureuil ne sont pas blancs.

Ces animaux sont plus en danger que les autres, car ils ont plus de mal à passer inaperçus dans la nature, comme ce koala et cette girafe. De plus, ils sont très sensibles aux rayons du soleil.

LES REPTILES ET LES GRENOUILLES

LES LÉZARDS

Le plus gros mesure environ 3 m de long : c'est le dragon de Komodo. Le plus petit, de la famille des geckos, pas plus de 2 cm sans la queue.

Ce dragon vit sur l'île de Komodo, en Indonésie. Il n'a pas changé de forme depuis 140 millions d'années. Il peut peser 130 kg et plus.

Ce lézard appelé dragon volant va en vol plané d'un perchoir à l'autre.

Le basilic court si vite à la surface de l'eau qu'il ne s'enfonce pas.

DES MOYENS DE DÉFENSE EFFICACES

Les lézards, qui en général sont de petite taille, ont de nombreuses façons de se défendre contre leurs prédateurs.

Certains lézards abandonnent leur queue pour distraire leur ennemi. Pas de panique, elle repoussera.

Pour tenir son adversaire à distance, ce petit lézard lance des jets de sang à partir de ses yeux.

Le lézard-tatou s'enroule dans sa queue, laissant apparaître ses piquants.

Ce lézard déploie une immense collerette autour de son cou.

Où sont la tête et la queue ? Ce lézard court aussi vite en arrière qu'en avant.

UN LÉZARD QUI CHANGE DE COULEUR

Le caméléon est un lézard qui vit surtout
dans les arbres et qui a la faculté de changer de couleur.

Suivant son humeur
ou la température ambiante,
le caméléon change de couleur.

Les yeux du caméléon
sont étonnants. En même temps,
l'un regarde devant et l'autre derrière.

Le caméléon attrape les insectes en projetant sa langue imbibée
de matière gluante. Quand il mue, sa peau se détache en lambeaux.

LE PLUS GRAND REPTILE : LE CROCODILE

C'est un animal préhistorique qui vit en eau douce ou salée. Il est capable de s'attaquer à l'homme s'il a faim.

Le plus gros et le plus terrible mesure entre 5 et 7 m et pèse entre 500 et 1 000 kg. Il vit en Asie. On l'appelle « mangeur d'hommes ».

Il construit un nid sur la berge pour y enfouir ses œufs. Le plus haut peut mesurer jusqu'à 3 m.

La femelle transporte ses bébés dans sa gueule. Ainsi, ils ne risquent rien. Ils sont bien à l'abri.

LES SERPENTS

Ce sont tous des carnivores. Mais s'ils ne trouvent pas de proies à avaler, ils sont capables de jeûner plusieurs mois et même jusqu'à un an !

Ce python est le plus long : il mesure 10 m et pèse 150 kg.

L'anaconda est le plus gros : 250 kg pour 8 m de long et plus.

Le serpent filiforme, avec ses 10 cm de long, est le plus petit.

Ce « serpent-volant » se déplace en sautant d'arbre en arbre.

Certains serpents étouffent leurs proies avant de les avaler.
D'autres leur injectent du venin qui va les tuer en quelques minutes.

Grâce à sa mâchoire qu'il ouvre en grand, le python avale une gazelle qu'il mettra plusieurs semaines à digérer.

Ce serpent avale un œuf 4 fois plus gros que sa tête. Une fois le contenu mangé, il rejette la coquille.

Pour grandir, le serpent change souvent de peau : il mue. Il se retire de sa vieille peau en commençant par la tête.

Pour échapper à un ennemi, certains font semblant d'être morts, comme cette couleuvre qui renverse sa tête.

LES GRENOUILLES

La grenouille respire grâce à de petits poumons, mais surtout à travers sa peau lisse et humide.

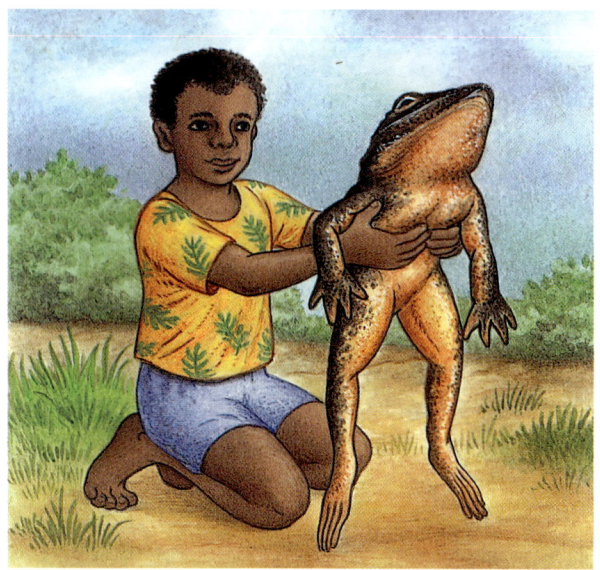

Cette grenouille africaine est la plus grosse : 4 kg pour 80 cm !

Étonnant : pour chanter, le mâle gonfle son sac vocal.

Certains bonds peuvent atteindre 15 m de long.

Cette grenouille construit un nid hyperléger : il est en mousse !

Pour échapper à leurs ennemis, les grenouilles plongent dans l'eau, se camouflent dans les herbes ou prennent des couleurs qui avertissent qu'elles sont dangereuses.

Les couleurs de cette grenouille effraient ses ennemis.

C'est la plus dangereuse : elle sécrète un poison mortel.

Certaines prennent la couleur de l'endroit où elles sont.

Cette grenouille passe inaperçue au milieu des feuilles mortes.

LES TORTUES TERRESTRES

Elles font partie des animaux qui vivent le plus longtemps : jusqu'à 150 ans. Leur carapace est une armure efficace contre les prédateurs.

Les tortues géantes sont très impressionnantes. On dirait des animaux préhistoriques. Leur croissance est lente et se poursuit tout le temps de leur existence qui est longue. Certaines atteignent plus de 1,50 m de long pour 250 kg.

La carapace souple de cette tortue lui permet de se cacher dans les fentes des rochers.

La tortue-boîte (1) a la faculté de fermer complètement sa carapace. Rien ne dépasse (2) !

LES INSECTES ET LES ARACHNIDÉS

LES PLUS BEAUX

Certains insectes, et pas forcément les plus rares, ont des couleurs et des formes si extraordinaires qu'ils ont inspiré des créateurs de bijoux.

Les couleurs magnifiques de ces insectes rappellent celles des pierres précieuses.

LES CHENILLES LES PLUS RUSÉES

Pour échapper aux prédateurs, avant de devenir papillons, certaines chenilles sont très imaginatives.

Un masque sur la tête pour faire peur et deux cornes sur la queue : c'est la « chenille à queue fourchue ».

Cette chenille prend l'aspect de la plus terrifiante des araignées : la redoutable mygale.

La « chenille arpenteuse » s'accroche à une branche, étend son corps tout droit et ne bouge plus.

De faux yeux entourés de poils, pour bluffer son ennemi, chez la chenille du bombyx.

DES INSECTES « CHANTEURS »

La sauterelle « chante » en frottant ses ailes l'une contre l'autre, tandis que le criquet frotte ses pattes sur ses ailes.

Toutes les sauterelles ne volent pas et certaines, pour se déplacer, font des sauts impressionnants : jusqu'à 3 m de long. Cet exploit est rendu possible par leurs longues pattes musclées.

Les criquets pèlerins sont capables de parcourir de très longues distances à la recherche de leur nourriture. Regroupés par milliards, ils s'abattent sur les champs et détruisent tout en quelques heures. Ils sont très voraces et peuvent avaler chaque jour leur poids en nourriture.

L'INSECTE LE PLUS RAPIDE

C'est la libellule, appelée aussi « demoiselle ». Elle est le seul insecte capable de voler à reculons. Une vraie championne !

Grâce à son corps fin et allongé et à ses grandes ailes, la libellule peut atteindre 60 km/h. Elle vit au bord des étangs, dans lesquels elle dépose ses œufs, d'où sortiront des larves.

La larve est très vorace. Elle grossit vite et change régulièrement de carapace avant de devenir une belle libellule.

Ses yeux énormes, composés de milliers de facettes, sont capables d'apercevoir une proie immobile à 20 m.

LES SCARABÉES : DES INSECTES ÉTONNANTS

Ils comprennent 20 000 espèces qui se divisent en deux groupes : ceux qui mangent des végétaux et ceux qui mangent des crottes d'animaux.

Le scarabée bombardier n'est pas impressionné par cette grenouille. Arrivé à sa hauteur, il lui lance un gaz brûlant qu'il projette par un orifice de son abdomen. Surprise, la grenouille ne bouge plus et le scarabée continue son chemin.

Le scarabée d'Afrique roule une boulette de bouse jusque dans son terrier. La femelle pond ses œufs dessus.

Le scarabée Goliath est le plus lourd de tous les insectes. Il pèse jusqu'à 100 g pour 12 cm.

LES INSECTES ET LES ARAIGNÉES AQUATIQUES

Certains restent à la surface, tandis que d'autres s'activent sous l'eau. Ces derniers ont adapté leur technique respiratoire pour pouvoir survivre.

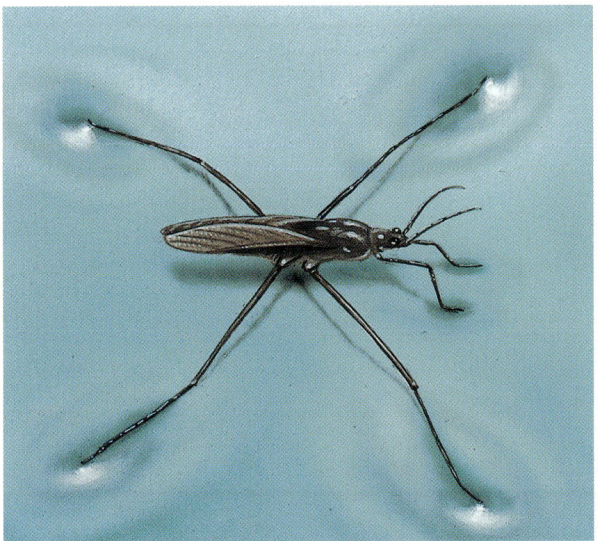

Le gerris glisse à la surface de l'eau. Ses longues pattes « creusent » l'eau mais ne la transpercent pas.

Le gyrin tournoie très vite à la surface. Quand il va sous l'eau, il transporte une bulle d'air au bout de son abdomen.

Cette punaise d'eau se déplace sur le dos grâce à ses pattes arrière en forme de rame.

Cette araignée tisse une sorte de cloche dans laquelle elle emprisonne de l'air récupéré à la surface avec ses pattes.

LES INSECTES FOSSOYEURS

Ils se nourrissent de carcasses d'animaux morts et pondent leurs œufs dessus ou à proximité. Certains vivent même dedans !

Ces insectes vivent la plupart du temps dans les cadavres d'animaux : oiseaux, serpents, ou souris. C'est pratique : ils sont à l'abri des prédateurs et ils ont la nourriture sur place.

Ce couple de scarabées enterre une souris morte.
Puis il la transforme en une espèce de boule près de laquelle la femelle pond ses œufs. Quand les larves sortent des œufs, elles ont de quoi se nourrir.

DES MOUCHES QUI N'EN ONT PAS L'AIR

Les mouches, en général, ont une forme caractéristique et sont noires. On les reconnaît au premier coup d'œil. Mais il en existe d'autres !

Trouve la mouche. Elle est à gauche. Cette mouche syrphe vit parmi les guêpes, butine les mêmes fleurs, mais elle n'a pas de dard. La ressemblance lui permet de décourager ses ennemis.

Dans les grottes de Waitomo (Nouvelle-Zélande) vit cette mouche unique qui ressemble à un moustique. Les larves attirent des insectes en fabriquant des fils de soie phosphorescents qui pendent du plafond.

LES PLUS DOUÉS POUR SE CAMOUFLER

Pour se protéger le plus possible de leurs ennemis, de nombreux insectes se camouflent d'une façon extraordinaire pour passer inaperçus.

La phyllie est appelée insecte-feuille. Quelle perfection !

Immobile, ce papillon est incognito sur la branche.

Cette sauterelle présente les mêmes nervures que les feuilles.

Celle-ci reproduit aussi les moisissures sur les feuilles.

De tout le monde animal, les insectes sont les champions du trompe-l'œil, car ils sont capables de reproduire jusqu'aux plus petits détails les formes des végétaux parmi lesquels ils vivent.

Regarde bien : au milieu de ces feuilles mortes, il y a un insecte !

Cette punaise tachetée se confond avec un morceau d'écorce.

Impossible de déceler la présence d'un insecte parmi ces rameaux !

Difficile de distinguer l'insecte de la fleur : ils ont la même couleur.

LES FOURMIS

Ce sont les insectes les plus nombreux vivant sur Terre. Elles ne vivent pas seules, mais en colonies. Chacune exécute un travail bien précis.

Les fourmis « discutent » avec leurs antennes lorsqu'elles se rencontrent.

Une petite goutte au bout d'un aiguillon émet une odeur qui signifie « danger ».

La fourmilière est constituée de galeries reliant des chambres ayant toutes une fonction précise : stockage de nourriture, élevage des larves, cimetières, abri de la reine... Cette dernière, protégée par des « soldats », passe sa vie à pondre.

Les fourmis carnivores sont redoutables. Elles se déplacent par dizaines de milliers, collées les unes aux autres, éliminant toutes les proies sur leur chemin : oiseaux, insectes, petits mammifères...

① La **fourmi bombycine** résiste aux chaleurs du Sahara.
② Les **fourmis écitons** n'ont pas de domicile fixe. Elles se font des nids provisoires en s'accrochant les unes aux autres pour entourer la reine, qui pond ainsi en toute sécurité.
③ Certaines espèces, qui n'ont pas assez d'ouvrières, vont chercher des nymphes dans d'autres fourmilières.
④ Les **fourmis « pots à miel »** emmagasinent dans leur abdomen de la nourriture pour toute la colonie.
⑤ La **fourmi cerbère** bloque l'entrée de la fourmilière avec sa tête énorme.
⑥ Les **fourmis coupeuses** récoltent des feuilles, qu'elles réduisent en miettes dans la fourmilière pour en faire de l'engrais nécessaire à la culture des champignons dont elles se nourrissent !

LES ABEILLES

Ce sont des insectes qui vivent en société parfaitement organisée, avec une reine, des mâles, les faux bourdons, et des milliers d'ouvrières.

   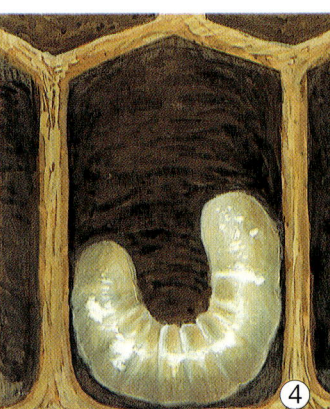

Explication de la transformation de l'œuf en abeille, en 3 semaines.
Bien sûr, tout se passe dans la même alvéole.
① ② La reine pond un œuf dans une alvéole. ③ Naissance de la larve.
④ La larve mue et grandit, remplissant petit à petit l'alvéole.

DES TRAVAILLEUSES INFATIGABLES

Avant de butiner les fleurs, l'abeille a nettoyé la ruche, nourri les larves, construit des alvéoles, ventilé et gardé la colonie. Quel travail !

L'activité dans la ruche :
① Les gardiennes tuent la souris qui voulait entrer.
② L'abeille ventileuse agite ses ailes pour aérer la ruche.
③ Cette grappe d'abeilles fabrique la cire pour créer de nouvelles alvéoles.
④ Les nourrices donnent à manger aux larves.
⑤ L'abeille butineuse transmet le pollen qu'elle a récolté à l'abeille magasinière, qui le dépose dans les alvéoles.
⑥ La reine pond. Elle ne fait que ça.

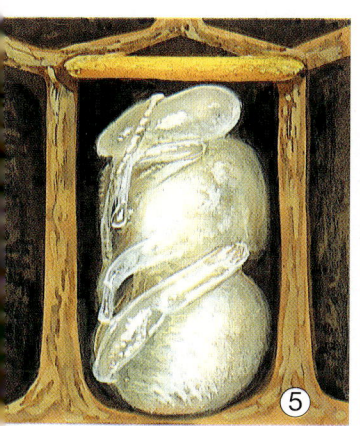   

⑤ La larve devient une nymphe après une nouvelle mue.
On distingue la tête, le thorax et l'abdomen.
⑥ Encore une mue et la petite abeille apparaît.
⑦ ⑧ Elle sort de son « berceau » en grignotant la porte de l'alvéole.

DES NIDS ÉNORMES

Les insectes qui vivent en société construisent des nids impressionnants pour abriter toute la colonie.

Les termites sont de grands maçons. En mélangeant leur salive à la terre, ils sont capables de construire d'incroyables édifices de plus de 8 m de haut. Une termitière est très solide, elle peut durer plusieurs dizaines d'années. Ces édifices sont surtout visibles en Afrique.

La fourmilière des fourmis rousses est la plus impressionnante. La partie visible, constituée de terre et de brindilles, peut atteindre plus de 1,50 m de haut. La partie souterraine s'enfonce à plusieurs mètres dans le sol. Un million de fourmis peuvent vivre dans cette véritable cité.

DE DRÔLES DE NIDS

D'autres nids sont moins spectaculaires mais tout aussi étonnants par leur forme ou leur originalité.

Les guêpes sont des artisanes extraordinaires. Certaines construisent leur nid en papier. Elles rongent du bois, qu'elles mastiquent longuement dans leur bouche pour en faire de la pâte à papier. ① D'autres, comme la guêpe potière, utilisent de l'argile ou de la boue épaisse pour élaborer leur nid en forme de cruche. ②

Les fourmis couseuses, qui vivent dans les arbres des régions tropicales, font leur nid avec des feuilles dont elles cousent les bords ensemble à l'aide d'un fil de soie très solide produit par les larves. Fixé à une branche, ce nid peut abriter jusqu'à 100 000 individus.

LES ARAIGNÉES

On les trouve partout : dans les grottes, dans les forêts, en haut des montagnes, dans les maisons et même dans l'eau !

La plus grosse est cette mygale : 28 cm d'envergure et 12 cm de long. Elle chasse la nuit.

La plus dangereuse est la veuve noire. Sa piqûre peut être mortelle. Elle vit dans les régions chaudes.

Les araignées thomises ont la particularité de prendre la couleur des fleurs sur lesquelles elles vivent. Elles échappent ainsi aux oiseaux et elles peuvent surprendre leurs proies, qui ne se méfient pas.

Les fils de soie produits par l'abdomen des araignées sont extrêmement solides par rapport à leur épaisseur. Cela intéresse les chercheurs, qui essaient de recréer cette matière pour l'industrie.

L'araignée du soleil est la plus résistante à la chaleur. Elle ne sort que la nuit pour chasser.

Les salticidés ont la particularité de sauter sur leurs proies. Incroyable ! L'un d'entre eux a été aperçu à 6 000 m d'altitude !

L'araignée tisse sa toile d'une manière très précise avec ses pattes... Quand elle est terminée, l'araignée peut se mettre au milieu ou sur les bords, mais ses pattes restent en contact avec elle, ce qui lui permet d'être aussitôt avertie, par la vibration des fils, de la présence d'un insecte.

LE SCORPION

Avec ses deux pinces, ce cousin de l'araignée ressemble un peu à une écrevisse. Sa queue se termine par un aiguillon contenant du venin.

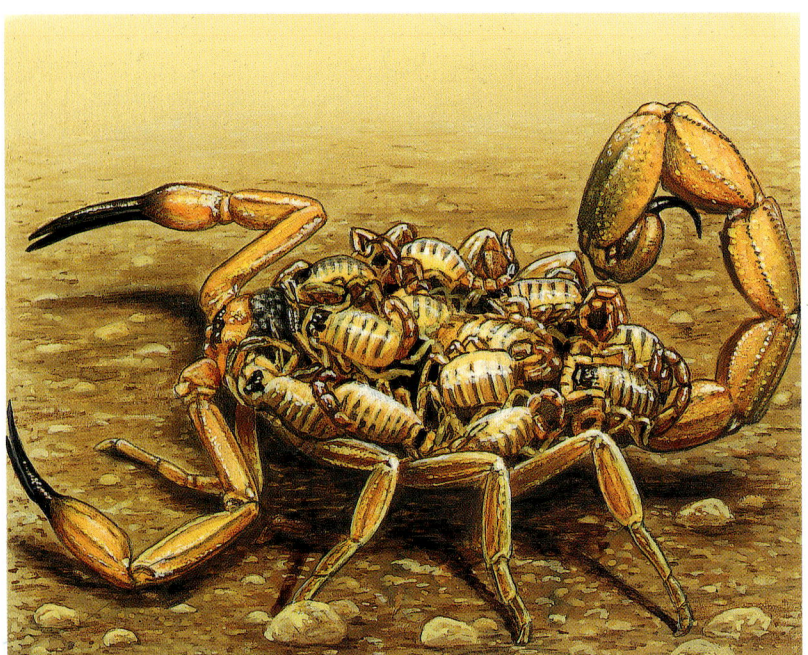

La femelle scorpion est une bonne mère. À leur naissance, elle n'abandonne pas ses petits comme le font nombre d'insectes ou d'araignées. Elle les garde sur son dos pendant environ 15 jours, le temps qu'ils grossissent un peu en muant 2 ou 3 fois.

L'empereur tropical est le plus gros. Il mesure plus de 20 cm, alors qu'en moyenne un scorpion mesure 5 cm.

Le scorpion se nourrit d'insectes vivants qu'il paralyse à l'aide de son venin. Il peut rester des mois sans manger.

LES OISEAUX

LES PLUS BEAUX

Ce sont en général les mâles qui ont un plumage exceptionnel.
Que ne feraient-ils pas pour séduire les femelles ?

Cette magnifique perruche à ailes d'or est l'un des plus beaux oiseaux. Elle est menacée d'extinction.

Sûr que la femelle tombera sous le charme de tous ces yeux grands ouverts sur les plumes de ce paon.

Le mâle faisan doré a une collerette extraordinaire qui recouvre son bec quand il fait la cour à sa belle.

Ce guêpier d'Europe a des couleurs tout en nuances, avec de superbes reflets argentés sur le ventre.

LES PLUS GRANDS

Tous ces oiseaux dépassent 3 m d'envergure, c'est-à-dire du bout d'une aile au bout de l'autre, lorsqu'elles sont déployées.

L'albatros hurleur, qui mesure plus de 3,50 m d'envergure, se sert du vent pour planer.

Le vautour fauve fait un peu plus de 3 m d'envergure. Il se nourrit d'animaux morts.

Le cygne trompette fait 3,10 m d'envergure. Il a été beaucoup chassé !

Le pélican blanc, de 3 m d'envergure, vit près des fleuves et des lacs.

LES BECS LES PLUS GROS

Certains becs ont leur utilité, d'autres seraient des ornements destinés à attirer les femelles ou à éloigner les ennemis !

Ces toucans ont un bec énorme dont l'utilité reste à démontrer, car ils se nourrissent de fruits. Mais ce bec creux est très léger.

Le bec du calao est pour le moins étrange, avec son espèce de casque au-dessus. Il est très coupant.

Le bec-en-sabot vit en Afrique. Son bec, long de 20 cm et large de 10 cm environ, lui sert à pêcher et à faire des réserves pour ses petits restés au nid.

Le pélican a un gros bec avec une poche en dessous dans laquelle il entasse les poissons qu'il pêche.

LES OISEAUX QUI VOIENT LE MIEUX

Ce sont les rapaces, c'est-à-dire des oiseaux carnivores chassant leurs proies, qui ont la meilleure vue.

L'aigle royal peut repérer une proie à plus de 3 km par beau temps.

Le faucon pèlerin peut foncer sur des proies situées à plus de 8 km.

Le hibou voit très bien la nuit grâce à ses gros yeux réunis à l'avant de sa tête.

Le vautour peut voler à plus de 5 000 m et voir un cadavre d'animal à 3 km !

LES OISEAUX QUI « PARLENT »

On pense tout de suite au perroquet, mais d'autres oiseaux ont des talents d'imitateur ou poussent des cris étonnants !

Le perroquet domestiqué est capable d'adapter les mots qu'il connaît aux situations.

L'oiseau-lyre reproduit les chants des autres oiseaux. C'est un très bon imitateur.

Le martin-chasseur a un cri qui ressemble au rire humain. On l'appelle l'oiseau rieur.

Le mainate est encore plus doué que le perroquet pour imiter l'homme.

DES OISEAUX INTELLIGENTS

Certains oiseaux ont appris à se servir de différents « outils » et même à en fabriquer pour se nourrir.

Le pinson de Darwin enfonce une aiguille de bois dans l'écorce d'un arbre pour attraper des insectes.

Cette sittelle se sert d'un bout d'écorce pour enlever d'autres morceaux et récupérer des insectes.

Ce vautour utilise un caillou pour casser la coquille de l'œuf et manger ce qui se trouve à l'intérieur.

Cette corneille lance des noix sur la route afin qu'une voiture joue le rôle d'un casse-noix.

LES ŒUFS : DES GROS ET DES PETITS

Les oiseaux se reproduisent en pondant des œufs qu'ils couvent plus ou moins longtemps.

Le plus gros est l'œuf d'autruche. Il peut peser jusqu'à 1,7 kg.

L'œuf de l'émeu pèse environ 600 g. Il a une belle couleur vert foncé.

Les œufs du colibri sont les plus petits. Ils pèsent environ 0,5 g.

Le plus gros, 12 kg, appartenait à l'oiseau-éléphant qui a disparu.

DIFFÉRENTES FAÇONS DE DORMIR

Par mauvais temps, certains oiseaux s'endorment profondément, serrés les uns contre les autres, en attendant une amélioration.

Le canard colvert peut ne dormir que d'un œil pour rester aux aguets et fuir ou s'envoler à la moindre alerte.

Le martinet est capable de voler plusieurs mois sans s'arrêter. On suppose qu'il ne dort que d'un œil !

Cet engoulevent de Nuttal peut dormir profondément 1 à 4 jours en abaissant sa température de 37 °C à 6 °C.

Pendant la nuit, le colibri dort aussi profondément. Il donne même l'impression de ne plus respirer.

LE CAMOUFLAGE CHEZ LES OISEAUX

Pour échapper à leurs ennemis, certains oiseaux changent de couleur de plumes ou prennent des attitudes pour se confondre avec le paysage.

En été, le lagopède est brun comme le sol sur lequel il se déplace. En hiver, il se débarrasse de ses plumes marron et se couvre de plumes blanches. Impossible de le repérer dans la neige.

Ce butor reste immobile, le cou tendu, au milieu des roseaux. Il passe ainsi inaperçu.

Ce grand podarge avec son petit prend une attitude rigide. On dirait une branche.

LES OISEAUX QUI VIVENT LE PLUS LONGTEMPS

Difficile de contrôler exactement l'âge des oiseaux en liberté. En général, ils vivent plus vieux en captivité.

69 ans pour le grand corbeau, champion de la longévité en liberté.

65 ans pour le grand duc, qui vit dans les forêts européennes.

65 ans pour le condor des Andes, qui peut atteindre 100 ans en captivité.

64 ans pour l'ara bleu, ce magnifique perroquet des forêts tropicales.

LES CHAMPIONS DE L'ORIENTATION

Les oiseaux ont un grand sens de l'orientation. Ils s'aident grâce au soleil et à leur grande mémoire visuelle pour retrouver leur chemin.

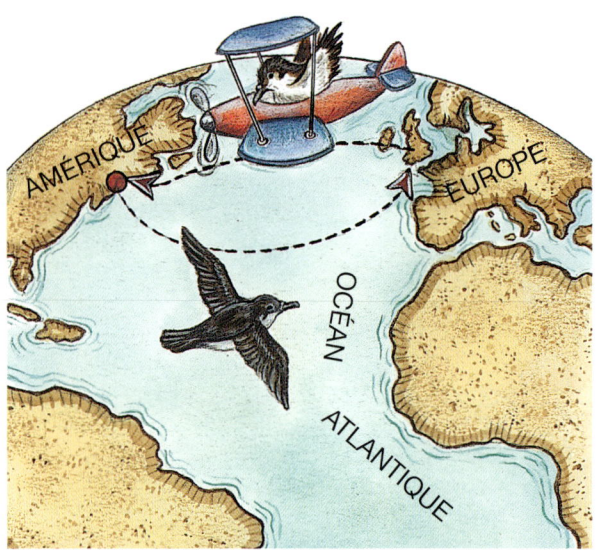

On a transporté un puffin en avion des côtes anglaises aux côtes américaines, puis on l'a lâché. Treize jours plus tard, l'oiseau retrouvait son nid après un vol de 5 100 km.

Le même genre d'expérience a été fait avec un albatros qui a mis 32 jours pour rejoindre son nid, après 6 500 km.

Un pluvier doré a réussi à voler d'une seule traite sur 3 200 km sans se perdre entre l'Alaska et les îles Hawaii.

LES GRANDS VOYAGEURS

De nombreux oiseaux migrent. Ils font un long aller et retour entre deux régions parce qu'il fait froid ou parce que la nourriture manque.

La sterne arctique parcourt 36 000 km environ, aller et retour, entre le Grand Nord et le pôle Sud.

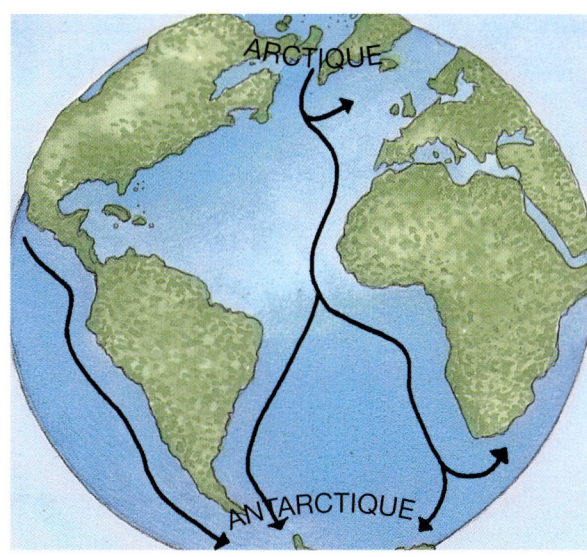

Le trajet de la sterne arctique dure entre un et deux mois pour l'aller, et deux mois pour le retour.

En automne, les cigognes de l'Europe du Nord partent vers l'Afrique et reviennent à la belle saison, soit un voyage de 12 000 km. Elles construisent leurs nids sur les cheminées et les gardent d'une année à l'autre.

CEUX QUI VOLENT LE PLUS VITE

La plupart des oiseaux volent entre 30 et 90 km/h,
mais certains vont jusqu'à 300 km/h. De vraies « formules 1 » !

Le plus rapide est le faucon
pèlerin : 300 km/h en piqué !

L'aigle royal peut foncer
sur une proie à près de 200 km/h.

Les frégates, à gauche, magnifiques oiseaux marins,
et le pigeon voyageur, à droite, peuvent voler jusqu'à 150 km/h.

CEUX QUI VOLENT LE PLUS HAUT

Des oiseaux ont été aperçus volant à des altitudes très élevées au-dessus de hautes montagnes.

Les oies rayées, à gauche, et le gypaète volent dans le massif de l'Himalaya, la chaîne de montagnes la plus haute du monde, à plus de 7 000 m.

D'autres oiseaux, comme le choucas, à gauche, ou le courlis, volent aussi extrêmement haut dans l'Himalaya, entre 6 000 et 6 500 m.

LES OISEAUX QUI EMPRISONNENT LEUR FEMELLE

La femelle est consentante. Elle aide le mâle à fermer le nid.
Les petits s'emmurent aussi dans le nid après le départ de leur mère !

Ce couple de calaos à tête rouge commence à boucher l'entrée du nid avec des débris végétaux et de la boue.

Puis la femelle se glisse dans le nid et le mâle ferme l'ouverture, ne laissant de la place que pour un bec.

La femelle pond ses œufs et les couve. Elle est nourrie tous les jours par le mâle.
Après la naissance des petits la femelle s'échappe du nid et reconsolide l'entrée.
Restés seuls, les oisillons sont nourris à travers le petit trou par leurs parents.
Plus tard, ils cassent le mur pour s'envoler.

MADAME COUCOU EST SANS GÊNE

Ce n'est pas une bonne mère, car ce n'est pas elle qui couve ses œufs. Elle les pond dans les nids d'autres oiseaux.

La femelle coucou a de gros œufs qui éclosent plus vite que les autres. Elle en pond un dans les différents nids qu'elle a repérés. S'il le faut, elle enlève 1 ou 2 œufs pour faire de la place.

Quand bébé coucou naît, il jette les autres œufs hors du nid.

Puis il piaille, réclamant sa nourriture à ses parents adoptifs.

LES PLUS GROS NIDS ET LE PLUS PETIT

En général, les grands oiseaux font de grands nids, mais certains oiseaux plutôt petits construisent aussi de grands nids !

Le plus gros nid au sol est celui du mégapode de Freycinet : il peut mesurer 5 m de haut et jusqu'à 11 m de diamètre.

Le plus gros nid construit en haut d'un arbre ou dans le creux d'un rocher est celui de l'aigle royal : 4 à 5 m de large.

Le nid de l'ombrette est énorme, jusqu'à 2 m, par rapport à la taille de l'oiseau, qui dépasse à peine 50 cm.

Le nid le plus petit, de 3 cm de haut, est fabriqué par le plus petit des oiseaux, le colibri, en 2 à 3 semaines.

LES OISEAUX QUI NE VOLENT PAS

Certains oiseaux sont incapables de voler, soit parce qu'ils sont trop lourds, soit parce qu'ils n'ont pas d'ailes.

L'autruche est le plus gros. Elle court très vite : jusqu'à 60 km/h.

Le manchot vit sur la banquise. Ses ailes lui servent de nageoires.

Le kiwi n'a ni queue ni ailes. Il trotte sur ses courtes pattes.

Le nandou est aussi un oiseau coureur. Il vit souvent en groupe.

LE MANCHOT : UN DRÔLE D'OISEAU

À première vue, il n'a rien d'un oiseau. Pourtant, son corps est recouvert de plumes imperméables qui lui tiennent chaud.

C'est un excellent nageur et un remarquable plongeur.
Sur la banquise, il se déplace debout et fait de petits pas, mais il glisse souvent et, quand il y a une pente, il se laisse aller sur le ventre. Ça va plus vite !

La femelle pond un œuf à la fois, qui est couvé par le mâle.

Le bébé se développe bien au chaud sur les pattes de son papa.

Plus tard, le jeune manchot est nourri par ses 2 parents.

ISBN 2.215.069.20.1
© Groupe FLEURUS, 2003.
Dépôt légal à la date de parution.
Conforme à la loi N° 49-956 du 16 juillet 1949
sur les publications destinées à la jeunesse.
Imprimé en Italie. (12-04)